AF542221

CATALOGUE

DES

MONNAIES FRANÇAISES

ET

ÉTRANGÈRES

DE LA COLLECTION DE M. POEY D'AVANT

Dont la Vente aux enchères publiques aura lieu

HOTEL DES VENTES, RUE DROUOT, 5, SALLE No 5 BIS

Les Vendredi 7 et Samedi 8 Mars 1856

A UNE HEURE DU SOIR

PAR LE MINISTÈRE DE Me DELBERGUE-COLMONT
Commissaire-Priseur, rue de Provence, 8.

EXPOSITION PUBLIQUE
CHAQUE JOUR DE LA VENTE, DE MIDI A UNE HEURE.

FONTENAY-LE-COMTE
DE L'IMPRIMERIE DE ROBUCHON, LIBRAIRE.

1856

CONDITIONS DE LA VENTE :

Elle se fera expressément au comptant.

Les acquéreurs paieront cinq centimes par franc, en sus des enchères, applicables aux frais.

—

Les amateurs qui auraient quelques renseignements à demander ou quelques commissions à donner à M. Poëy d'Avant, son adresse est *hôtel de Nantes, rue des Bons-Enfants, à Paris.*

CATALOGUE

DES

MONNAIES FRANÇAISES

ET

ÉTRANGÈRES

DE LA COLLECTION DE M. POEY D'AVANT

Dont la Vente aux enchères publiques aura lieu

HOTEL DES VENTES, RUE DROUOT, 5, SALLE N° 5 BIS

Les Vendredi 7 et Samedi 8 Mars 1856

A UNE HEURE DU SOIR

PAR LE MINISTÈRE DE Me DELBERGUE-COLMONT

Commissaire-Priseur, rue de Provence, 8.

FONTENAY-LE-COMTE

DE L'IMPRIMERIE DE ROBUCHON, LIBRAIRE.

1856

Les quelques monnaies que je présente aux enchères avaient été réunies par moi dans l'intention où j'étais de donner un supplément à la *Description des Monnaies Seigneuriales* de mon Cabinet. J'ai renoncé à cette idée pour en adopter une autre bien plus ambitieuse, puisqu'il s'agit d'un ouvrage sur la numismatique féodale de la France en général. Il deviendrait sans objet de me former une Collection : d'ailleurs des motifs de délicatesse m'engagent à ne rien posséder en propre.

Les pièces figurant sur ce Catalogue sont en petit nombre : mais, cette suite ayant été formée dans un but purement scientifique, elle se recommande par un grand intérêt numismatique. Toute proportion gardée, jamais autant de pièces curieuses et inédites n'avaient été présentées aux amateurs.

Je n'appellerai point l'attention sur quelques monnaies en particulier. Pour cela il faudrait faire le relevé de près de cent numéros; d'ailleurs j'ai eu soin, à chaque article qui offrait quelque nouveauté, de faire ressortir l'intérêt qu'il présente. En parcourant le Catalogue, on rencontrera bien des types inédits et même des monnaieries tout-à-fait nouvelles.

F. POEY D'AVANT.

CATALOGUE

DE

MONNAIES FRANÇAISES
ET ÉTRANGÈRES.

MONNAIES FRANÇAISES.

SECONDE RACE.

LOUIS-LE-DÉBONNAIRE.

1. HLVDOVVICVS IMP. Croix cantonnée de quatre points. ℟. ✠ XPISTIANA RELIGIO. Temple.
AR. Denier. B. C.

Cette pièce est curieuse en ce qu'elle a été dorée pour servir à un treizain de mariage.

2. ✠ A.·.A TODVVIHSIC. Même type. ℟. ✠ PISTANIA RELIO en légende rétrograde. Temple.
AR. Denier.

CARLOMAN.

3. *Limoges.* — ✠ CARLOMAN REX. Croix. ℟. ✠ LIMOVX CIVIS. Monogramme.
AR. Denier. Très beau et très rare.

EUDES.

4. *Angers.* — ✠ GRATIA D—I REX. Dans le champ. ODO ✠ en croix. ℟. A·NDECAVIS CIVITAS. Croix.
AR. Denier. Très beau.

5. Autre sans point dans le mot ANDECAVIS.
AR. Denier. Très beau.

6. Variété avec une seconde croisette au centre du mot ODO.
AR. Denier. Très beau. Inédite.

7. *Tours*. — ✠ NISERICORDIA DII. Grand monogramme. ℞. ✠ HTVRONES CIVITAS. Croix.
AR. Denier. Très beau.

8. Autre avec NISERICORDIA D—N.

9. Autre avec NISERICORDIVI DM.

10. Autre avec NISERICORDIA DI—I.

11. Autre avec MISERICORDIA D—I.

12. Autre avec NISERICORDIA D—M.

13. ✠ NSRICORDIA DM. Même type, sauf qu'il y a deux R dans le monogramme. ℞. ✠ HTIVRONES *(sic)* CIVITAS.
AR. Denier. Beau.

CHARLES-LE-SIMPLE.

14. *Tours*. — GRATIA D—REX. Monogramme carolin. ℞. ✠ TVRONES CIVITAS. Croix.
AR. Denier très beau.

Le poids de ce denier et la composition du dépôt où il a été trouvé le font attribuer avec certitude à Charles-le-Simple.

CHARLES-LE-GROS.

15. *Strasbourg*. — ✠ CAROLVS PIVS REX. Croix. ℞. ARGENTINA CIVITS en deux lignes.
AR. Denier. Beau.

LOUIS-L'AVEUGLE.

16. *Arles.* — ✠ LVDOVVICVS. Croix. ℞. ✠ ARELA CIVIS. Monogramme de Charles.
AR. Denier. Beau.

TROISIÈME RACE.

PHILIPPE III OU IV.

17. ✠ PHILIPPVS REX. Croix. ℞. ✠ TVRONVS RIVIS *(sic)*. Chatel.
BILL. Denier.

18. ✠ TVRONVS CIVIS. Croix. ℞. TVRONVS CIVIS. Chatel.
BILL. noir. Denier fracturé.

M. Fillon attribue cette monnaie à Marcel, prévôt des marchands.

CHARLES V.

19. ✠ KAROLVS FRANC REX. Croix pattée. ℞. ✠ TVRONVS CIVIS. Chatel sans chapiteau : au centre, un lis.
BILL. Denier. M. C.

Ce denier a été donné par Leblanc : mais il ne paraissait pas avoir été retrouvé.

CHARLES VI.

20. KAROLVS, &c. Gros lis couronné. ℞. ✠ DVPLEX TVRONS FRACIE. Croix.
BILL. (3 pièces). B. C.

21. KAROLVS, &c. Trois lis. ℞. DVPLEX MONETA. Croix fleurdelisée.
BILL. (2 pièces.)

CHARLES VII.

22. KAROLVS FRANCORV REX. K au-dessus de deux lis. ℞. ✠ TVRONVS FRANCIE. Croix.
BILL. A. B. C.

MONNAIES SEIGNEURIALES.

ANGOULÊME.

23. ✠ LODOICVS. Croix. ℞. ✠ EGOLISSIME. Quatre œils en croix et une croisette au milieu.
AR. Grand denier.
Ce denier a été doré pour servir de pièce de mariage.

24. Autre varié par la légende et un denier de module ordinaire.
AR. B. C.

25. Même légende des deux côtés. Au ℞., trois œils et un croissant.
AR. Obole. Inédite.

ANJOU.

26. *Charles II.* — ✠ CAROLVS COMES. Croix cantonnée d'un lis au 2e. ℞. ✠ ARDEGAVENSIS. Clef entre deux lis verticaux.
AR. Denier et obole. B. C.

AQUITAINE.

27. *Édouard Ier.* — ✠ EDVARDVS R . ANG. Léopard passant. ℞. DVX AQI BVRD. Croix anglaise.
AR. Denier. B. C. Inédit.

28. *Édouard III.* — ✠ DVX : ACITANIE. Grand lis épanoui. ℞. Type des florins. La légende commence par

une couronne et est terminée par une tête de lion vue de face.

OR. Florin. Beau. Très rare.

29. Guyennois du même frappé à Limoges.

OR. B. C.

30. *Édouard, Prince-Noir.* — Pavillon frappé à Bordeaux.

OR. Beau.

31. ✠ ED . PO . GIT . REG . ANG . PNCEPS. Dans le champ. AQVITAIE en deux lignes. ℞. ✠ MONETA DVPLEX. Croix tréflée et à pied.

BILL. double. Variété inédite.

32. *Henri V.* — Un double au léopard passant sous un lis.

33. *Henri VI.* — HENRICVS REX. Léopard affronté d'un lis. ℞. Léopard. TVRONVS FRANCIE. Croix pattée.

BILL. Denier. A. B. C. Rare.

ARTOIS.

34. *Philippe II.* — Trois liards variés.

Cuivre.

35. *Philippe IV.* — Trois liards variés.

Cuivre.

AVIGNON (COMTAT VENAISSIN).

36. *Grégoire XI.* — : ✠ GREGORIVS VNDEC. Tiare; en dessous, P. P. ℞. ✠ SANCTVS PETRVS. Croix cantonnée de deux mitres et de deux doubles clefs.

AR. A. B. C.

37. *Clément VII.* — Une pièce d'argent aux mêmes types.

38. ✠ CLEMENS PP SETIVS. ℞. Le pape assis et bénissant. ℞. SANCTVS PETRVS. Deux clefs en sautoir.

AR. B. C.

39. ✠ CLEMENS . PP SEST. Buste du pape bénissant. Bordure de quatre feuilles. ℟. ✠ COMES VENESI. 2ᵉ légende. AGIMVS. &c.
AR. Très belle.

40. *Pie IV.* — PIVS PP QVARTVS. Même type. ℟. ALEX FAR . C . LEGA AVE. Croix cantonnée de quatre doubles clefs en sautoir.
BILL.

41. HENRICVS . III . D . G . FRN . ET . P . REX. 1585. H couronné et accosté de trois lis. ℟. KA . DE . BOVRBON . CARD . LEGA . AVENIO. Croix évidée et fleurdelisée.
BILL. Variété inédite.

42. *Clément VIII.*— CLEMENS VIII . PONT . M. Deux clefs en sautoir. ℟. S . PETRVS . ET . PAVLVS. Croix.
Cuivre. Patard. B. C.

43. *Paul V.* — Un teston d'argent. Inédit.

BAR.

44. *Henri Iᵉʳ.* — ✠ HENRICV COM. Croix cantonnée de deux lis. ℟. BARRI DVCI.
AR. Obole. Variété inédite.

45. *Robert.* — ROBERTVS DVX. Croix à queue. 2ᵉ légende, BNDICTV. &c. ℟. TVRONVS CIVIS. Chatel. Bordure de lis.
BILL. Gros. B. C.

46. K couronné entre deux lis. DEI GRACIA. Bordure de trèfles. ℟. BARRONSIS DVX. 2ᵉ légende. BNDICTV, &c.
BILL. Gros. B. C.

47. ROBERTVS DVX BARENS. Buste couronné et tenant

une épée. ℞. MONT DE SCO MIL (saint Mihel). Type des gros.

BILL. Gros. A. B. C. Inédit.

Cette pièce est excessivement curieuse. Il est fort singulier de voir un duc de Bar copier servilement le type des gros d'Édouard d'Aquitaine.

BAYONNE.

48. *Jean de Gand.* — IOHANIS REX. Tête couronnée à gauche. ℞. CASTELLE E LEGIONIS. Château à trois tours: au-dessus, B—S; en dessous, B.

BILL. Denier. B. C. Très rare.

BÉARN.

49. *Centulle.* — Un denier. AR.

50. *Gaston.* — ✠ GASTO DNS BEARN. Vache sous une couronne. ℞. PAX ET HONOR FORQVIE. Croix.

BILL. Denier. A. B. C. Inédit.

51. *François-Phébus.* — ✠ F . F . D . G . DnS . BEARNI. Même type. ℞. PAX ET . HONOR . FORC. Croix.

BILL. Denier. Inédit.

52. *Catherine.* — K . DEI . G . DNA . BEAR. Même type. ℞. PAX ET HONOR. Croix.

BILL. Denier. Inédit.

53. *Henri.* — ✠ HENRICVS DEI . G. Même type. ℞. HONOR . FOR. Croix.

BILL. Denier. Inédit.

Ces quatre derniers deniers offrent la collection complète des seigneurs du Béarn à ce type tout nouveau.

53 *bis.* Deux blancs variés d'Henri à l'écusson à deux vaches.

BERGERAC.

54. *Henri de Lancastre.* — ✠ EN . DNS BRAGHE. Croix à pied. 2e légende, BNDICTV, &c. ℟. LANCAIE DVX sous un lion couché. Bordure de feuilles.
BILL. blanc. A. B. C. Très rare.

BESANÇON.

55. *Charles-Quint.* — Un thaler de 1666 au type du prince debout.
AR. B. C.

BLOIS.

56. ✠ BLESIS · CASTRO. Croix. ℟. Type blésois carré; à droite, une croisette entre deux besants.
BILL. Denier. (*Revue num., 1845*, pl. VI, n° 18.) Variété.

57. *Jean Ier.* — IOANNES COMS. Chatel. ℟. ✠ BLESIS CASTRO. Croix.
BILL. Denier. (*Revue num., 1845*, pl. VII, n° 1er.) Variété de coin. B. C.

58. *Hugues-de-Chatillon.* — H . COMES. Type chinonais à deux bandelettes; un besant au centre; un lis à droite. ℟. ✠ BLESIS CASTRO. Croix.
BILL. Denier unique et inédit.

Le type de cette pièce est la copie exacte de celui des monnaies de Jeanne.

59. H COM BLESENSIS. Croix. ℟. sans légende. Même type; lis au-dessus; à droite, une étoile entre deux besants.
BILL. Denier. (*Rev. num., ibid.*, n° 5.) Variété inédite.

59 *bis*. Autre au même type avec CMO.
Denier. Variété inédite.

BOURGOGNE — DUCHÉ.

60. *Hugues V.* — Un denier de Dijon. Les deux S droits.

61. *Eudes IV.* — MONETA DVPLEX. Croix. 2e légende. BNDICTV, &c. ℟. MONETA DVX. Chatel. Bordure de lis.
AR. Demi-gros. (BARTHÉLEMY, pl. IV, n° 4.)

62. COMES AVXONE. Couronne dans le champ. ℟. MONETA DVPLEX. Croix fleurdelisée.
BILL. Double. B. C. (*Ibid.*, pl. III, n° 10.) Variété inédite.

63. *Philippe-le-Bon.* — Un cavalier d'or. (*Ibid.*, pl. V, n° 10.)
B. C.

BOURGOGNE — COMTÉ.

64. *Philippe-le-Beau.* — PHS . ARCHI . AVS . DVX . Z . C . B. Écusson. ℟. Briquet. MONETA . IN . COMITATV . BVR. Croix sur laquelle est une autre croix de saint André.
BILL. A. B. C.

BRETAGNE.

65. Un denier d'Étienne de Guingamp et trois deniers anonymes de Nantes et Rennes à légendes bouleversées et bizarres.

66. *Jean Ier.* — DVX BRITANNIE. Écusson à trois partis de Dreux : Bretagne avec les hermines en chef. ℟. CASTRI GIGANPI. Croix cantonnée au 1er.
BILL. Denier. Rare. (2 pièces.)

67. Autre avec les hermines ordinaires.

68. *Jean III.* — IOHANNES DVX. Écusson de Dreux et Bretagne. ℟. BRITANIE. Croix cantonnée d'un N au 2e.
AR. Denier.

69. *Jean de Montfort* ou *Jean-le-Vaillant*. Un blanc et un demi-blanc au lion tenant la targe aux hermines.
BILL. B. C.

70. Un blanc et un demi-blanc au heaume cornu. Le demi est rare, mais fracturé.

71. Deux blancs variés à la targe ronde.
BILL. B. C.

72. IOHANES DVX . V. Croix à pied. ℟. MONETA BRITANIE. Écusson triangulaire chargé de six hermines.
BILL. Denier. (2 pièces.) Variété inédite.

73. DEI GRACIA. Dans le champ, IOH sur une fasce entre deux hermines. ℟. DVX BRITANIE. Croix.
BILL. Denier. (2 pièces.) Inédit.

74. IOHANNES DI GRA. Dans le champ. I. ℟. DVX BRITANIE. Croix.
BILL. Denier. Inédit.

75. IOHANNES BRITANIE. Dans le champ, DVX entre deux hermines. ℟. MONETA DVPLEX. Croix fleuronnée à long pied.
BILL. Double.

76. *François II.* — Un blanc à la targe échancrée et deux doubles variés à l'hermine passant et enchaînée.

77. Deux doubles de billon indéterminés au type du chatel. ℟. MONETA .... Croix cantonnée de quatre pseudo-lis.

CAHORS.

78. CATVRCIS. Croix. ℟. CIVITAS. Crosse sur trois croisettes.
BILL. Denier. Quatre variétés presque toutes non publiées.

CALAIS.

79. *Édouard III.* — EDV : D : G . DnS . MERK : ET. Couronne avec DVX sur le bandeau. ℞. VILLA CALESIE. Croix fleuronnée et à pied.
BILL. Double.

Cette pièce est l'imitation scrupuleuse des monnaies royales françaises. Elle est d'une haute importance pour la numismatique calésienne, et particulièrement en ce qu'elle porte le titre de seigneur de Merck. Malheureusement sa conservation laisse à désirer. Les légendes sont cependant lisibles, mais il faut les étudier avec attention.

80. *Henri V.*— Un gros et un quart de gros au type anglais.
AR. B. C.

CAMBRAY (ÉVÊQUES DE).

81. *Gui.* — GVIDO EPISCOPVS. Tête de face. ℞. CAMERACENSIS. Type des esterlins.
AR. Esterlin.

82. *Nicolas de Fontaines.* — NICHOLAVS EPISCHOPVS. Tête mitrée de face. ℞. CAMERACV'. 2e légende, AVE MARIA GRATIA PLENA. Double croix.
AR. Gros. Rare.

83. *Pierre de Mirepoix.* — Un gros d'argent au même type. Très rare.

84. *Maximilien de Berghes.* — MAX . A . BERG . ARCH Z . D . CAM . S . IP . P . C . CAM. Écusson avec heaume pour cimier. ℞. MAXIMILI . II . ROMA . IM . SEM . AVGV. 1569. Aigle à deux têtes.
Grand écu d'argent. B. C.

85. Deux petites pièces de cuivre du même très variées. Une de Louis de Berlaimont.

CARCASSONNE.

86. *Raimond.* — RVMANDO. Croix. ℟. CARASONA. Dans le champ, VIT.
AR. Denier. Très rare et inédit.

CHAMPAGNE — COMTÉ.

87. *Henri.* — HENRI COMES. Croix cantonnée de trois besants et d'une étoile. ℟. CASTRI PRVVINS. Peigne; au-dessus, une étoile et un annelet.
BILL. Denier. B. C. Deux variétés.

88. Obole aux mêmes types. Inédite.

89. Même légende. Croix cantonnée d'une étoile et d'un S. ℟. TRECAS CIVITAS. Monogramme de Thibaut avec une étoile.
BILL. Denier. B. C.

90. Même légende. Croix pattée. ℟. Mêmes légende et type avec un croissant.
BILL. Denier. B. C.

91. PETVS EPISCOPVS. Monogramme de Thibaut avec S. ℟. Même légende. Croix cantonnée d'une croisette.
AR. Denier. B. C. (DUBY, pl. XI, n° 2.)

CHARTRES.

92. *Charles de Valois.* — ✠ K. COMCARTIS CIVIS. Croix cantonnée au 2e d'un lis et au 3e d'un besant. ℟. Type carré; au centre, un lis; à droite, une rosace.
BILL. Denier. Beau. Inédit.

93. Obole au même type. (*Revue num.*, *1846*, pl. IX, n° 2.)

94. Même légende. Lis au 2e. ℟. Même type: besant au

centre : deux rosaces en dessus et en dessous ; lis à droite.

BILL. Denier. Inédit.

CHATEAUDUN.

95. CASTRI : DVNI. Croix cantonnée d'un signe au 2e. ℟. Type carré ; au centre, un besant ; dessus et dessous, un croissant ; à droite, un astérisque.

BILL. Denier. (*Revue num.*, *1845*, pl. XV, n° 5.) Beau.

96. Obole au même type. Belle. Inédite.

97. Obole au même type, sauf que l'astérisque est entre deux besants.

B. C. Inédite.

98. *Robert.* — ROB' VICECOM. Type tournois dégénéré. Le poteau de gauche est percé en annelet ; celui de droite est transformé en une bandelette double ; au-dessus, une croisette à pied ; en dessous, un croissant avec un annelet au centre. ℟. ✠ CASTRI DVNI. Croix.

Denier. Beau et unique.

Le denier de Robert n'avait pas été retrouvé. Le type particulier de celui-ci lui donne un grand intérêt.

99. *Simon.*— SIMONIS VICOMES. Croix. ℟. CASTRI DVNI. Type tournois percé en annelet ; au centre, une croisette ; au-dessus et au-dessous, un croissant ayant au centre un besant.

Denier. Beau et rarissime. (*Revue num.*, *1845*, p. 300, vignette.)

100. *Raoul.* — Un denier et deux oboles. Variétés inédites.

101. *Guillaume.* — GVILL' VICONS. Croix cantonnée d'un

croissant au 2e. ℟. CASTRI DVNI. Type tournois : le lion de Flandre au centre.

Obole. A. B. C. (*Revue num.*, *1845*, pl. XVI, n° 20.) Variété.

CHATEAU-MEILLANT.

102. *Ebbes de Déols.* — EBO DE DOLIS. Croix perlée. ℟. MELIANVS. Tête barbue de face.

BILL. Denier. M. C. Très rare.

103. *Marguerite de Sully.* — ✠ M DAME DE SOVLI. Croix cantonnée de la lettre S au 2e. ℟. MEL CASTRO. Type blésois semblable à celui des monnaies de Jeanne.

BILL. Obole unique et inédite. B. C.

Il est inutile de faire ressortir l'importance de cette monnaie ; elle se recommande assez par son type tout nouveau et le nom de celle qui l'a fait frapper.

CHATEAU-RENAUD.

104. *François de Bourbon et Marguerite de Lorraine.* — Écu d'or. Beau.

CHATEAUROUX.

105. ✠ ODO ✠ DVX. Croix. ℟. ✠ DOLEO CIVE:S. Monogramme carolin dégénéré.

AR. Denier. B. C.

106. Autre variété. L'S de CIVES retourné.

AR. Denier. B. C.

107. Mêmes légendes. Monogramme plus dégénéré.

AR. Denier. Beau.

108. Mêmes légendes. Au ℟., étoile de Déols.

109. Autre. S couché.

110. Autre. S droit.

111. Autre. légendes à l'envers.

Ces sept deniers, tout-à-fait inédits, et formant une collection complète, sont excessivement importants pour la numismatique féodale de Châteauroux, dont ils donnent certainement le point de départ avec ses dégénérescences successives.

112. *Guillaume.* — GVILL'MVS DOM. Croix cantonnée de deux lis. ℞. ✠ CASTRI RADVLFI. Dans le champ, DNS non rétrograde.
BILL. Denier. Variété inédite.

CHINON.

113. LVDOVICVS REX. Tête à droite. ℞. ✠ CAINONI CASTRO. Croix.
AR. Denier. Rare.

COLMAR.

114. Une pièce de billon. Variété inédite.

CUGNON.

115. *Ferdinand-Charles.* — Un denier tournois au type des trois rosaces au ℞.

DOMBES.

116. *Jean.* — Un denier en billon.

117. *Louis.* — ✠ LVDO . P . DOMBAR . D . MONTI. Buste

nu et collerette à gauche. ℞. ✠ DENIER TOVRNOIS 1576. Deux lis avec brisure.

AR. fin. Denier d'un beau travail ressemblant à un essai. Variété inédite. Très rare.

118. *Henri.* — ✠ H . P . DOMBAR . D . MONTISP. Buste à gauche. ℞. ✠ DNS . ADIVTOR . MEVS 1599. Deux lis avec brisure dans une couronne de lauriers.

AR. (MANTELIER, pl. v, n° 10.) Très rare.

ÉPINAL.

119. R. EPS. Figure debout tenant une crosse et le livre des Évangiles. ℞. ESPINAVS. Épée la pointe en bas.

AR. Obole.

120. RENA. Même type. ℞. EPINAV. Même type.

AR. Obole.

121. B . D . LI. Même type. ℞. MONETA. Même type.

AR. Obole.

122. B . D . BI. Même type. ℞. Mêmes légende et type.

AR. Obole.

123. I . M TL. Même type. ℞. Mêmes légende et type.

AR. Obole.

124. R . D . FE. Figure tenant une aigle. ℞. Mêmes légende et type.

AR. Obole.

L'attribution des six oboles qui précèdent est fort incertaine et difficile. Appartiennent-elles aux évêques de Metz, dont les initiales s'y retrouvent? sont-ce des imitations faites par des évêques cis-rhénans?

ÉVREUX.

125. *Charles-le-Mauvais.* — KAROLVS . DEI . GRA. Croix. ℟. DE . NAVARRE. Buste couronné de face.

AR. Denier. Beau et inédit.

Ce type est tout nouveau.

FAUQUEMBERGUES.

125 *bis*. *Éléonore.* — AL' CAST' SCI AVD. Croix cantonnée au 1er et au 2e d'un annelet étoilé. ℟. DN FALCONE en deux lignes.

AR. Denier. A. B. C. Ressoudé. (*Revue belge*, 2e série, t. IV, p. 317.)

Toutes les monnaies de Fauquembergues sont excessivement rares. Celle-ci acquiert encore un plus grand degré de curiosité par la nouveauté de son type.

FLANDRE.

126. *Louis de Crécy.* — LVDOVIC COMES FLAD. Croix anglaise cantonnée de deux aigles et de deux lions. ℟. MONETA ALOSTENSIS. Lion debout.

AR. Gros. beau.

127. *Louis de Male.* — Un aignel d'or très beau et très rare.

128. Une chaise d'or. Belle.

129. Un quart de chaise d'or. B. C.

130. Un denier de billon au grand L.

131. Autre au même type. MONETA . GANDENSIS.

132. Autre surfrappé.

132 *bis*. Autre avec FL dans le champ.

133. Autre avec LVDEON, &c.

134. Gros au lion en cuivre pur. Beau et rare.

135. *Philippe-le-Bon.* — Un ridder d'or. Beau.

136. Un denier de billon. Rare.

137. *Charles-le-Téméraire.* — Double briquet de 1475.
AR. B. C.

138. *Gand révolté en 1488.* — Double briquet.
AR. B. C. et très rare.

139. *Maximilien et Philippe-le-Beau.* — Un double sol avec CO . FL.

140. *Philippe-le-Beau.* — Quart de sol.
BILL. (DENDUYTS, n° 207.)

141. *Minorité de Charles-Quint.* — Quart de sol de billon. Rare.

142. *Charles-Quint.* — Liard à la tête.
BILL. Trois variétés.

143. Un vlieger de 1536.
AR.

144. *Flandre (les États de).* — Demi-écu de 1577.

145. Autre de 1578.

146. *François d'Alençon.* — Un liard de cuivre frappé à Bruges.

147. *Philippe II.* — Cinquième d'écu.
AR. (3 pièces variées.)

148. Un écu à la croix de Bourgogne.

149. Un vingtième d'écu.

150. Un liard de cuivre.

151. *Albert et Isabelle.* — Une pièce de trois sous de 1620.

152. Une pièce de billon de 1603. Un briquet dans le champ.

153. Une pièce de billon et deux de cuivre.

154. *Philippe IV.* — Un escalin au lion (1623) et une pièce de cuivre.

155. *Gand (ville de).* — Liard de cuivre.

156. *Namur : Gui de Dampierre.* — Un esterlin d'argent.

156 *bis. Guillaume II.* — Double de billon. NAM dans le champ.

157. G COM . N dans le champ.
BILL. Denier.

158. Grand L dans le champ.
Denier.

159. Grand N dans le champ.
Denier inédit.

160. G . dans le champ.
Denier inédit. (2 pièces.)

161. NAMVRC dans le champ.
Grand denier inédit.

162. Deux petites pièces indéterminées au lion debout, l'une au nom de Louis, l'autre au nom de Guillaume.

HAGUENAU — VILLE.

163. Une pièce de moyen billon et une petite.
Variétés inédites.

HAINAUT.

164. *Jean II d'Avesnes.* — I . COMES HANONIE. Buste de face. ℟. VALENCHENENS. Type des esterlins.
AR. Esterlin.

165. *Guillaume I*er. — GVILL COMES HANONIE. Le duc à cheval. ℟. MONETA VALENCENENSIS. 2e légende, SIGNVM CRVCIS. Croix.
AR. Gros. B. C.

166. *Guillaume III.* — G . COM . HAIN . DVX. Croix. Légende extérieure, BNDICTV, &c. ℟. ✠ TVRONVS . VALIS. Monogramme du Hainaut percé en annelets. Bordure de lis.
AR. Gros, B. C., mais fracturé. (CHALON, n° 103.)

167. GVILLELMVS COMES. Monogramme du Hainaut. ℟. MONETA VALENCEN. Croix.
BILL. Denier. Deux variétés.

168. Une autre avec COME.

169. *Jean IV.* — IOH : DVX : BRAB : Z : LIMB . COM . HA . HO . Z . ZE. Lion dans un enclos. ℟. MONETA NOVA . FAC IN . VALENC. Croix coupant la légende.
BILL. A. M. C. (CHALON, n° 154.)

170. *Philippe II.* — Un liard de cuivre. (*Ibid.*, n° 187.)

ISSOUDUN.

171. ·DT . RES V. Type d'Issoudun. ℟. RCO XET. Croix cantonnée de deux besants.
BILL. Denier. Deux variétés inédites.

LIGNY.

172. *Walerand.* — WALERANDVS D G .... LINI. Lion debout. ℟. MONETA . DE LINE. AI DE LIN. Croix.
BILL. noir. Deniers. Trois variétés inédites.

Ce type est tout-à-fait nouveau pour Ligny.

173. *Jean de Luxembourg.* — IOH . DE LVCEMB ... COMES LINEI. Lion debout chargé d'un écusson. ℟. MONETA NOVA ELINCOVRT. Croix anglaise cantonnée de L V C D.
BILL. Fracturé. Très rare.

174. *Gui.* — G . DOMINVS DE LINY. Buste couronné de face. ℞. MONETA SERAIN. Type des esterlins.
AR. Esterlin. A. B. C. Très rare.

LIMOGES.

175. *Artur.* ARTVRI VICE-C. Croix cantonnée d'un signe indéterminé au 2e. ℞. LEMOVICENSIS. Écusson de Bourgogne, Dreux et Bretagne.
BILL. Obole belle et inédite.

176. *Charles de Blois.* — K . DVX BRITONVM. Chatel tournois. ℞. ✠ VICEC LEMOVICE. Croix à pied.
BILL. Denier. A. B. C. Inédit.

Le type du droit est tout nouveau pour le Limousin.

177. ORA . PRO . NOBIS. Tête mitrée de face ; de chaque côté, S . - M.
AR. Bractéate.

Ce méreau de l'église de Saint-Martial à Limoges présente une variété inédite ; il est plus ancien que ceux qui ont été publiés dans la *Revue*.

LORRAINE.

178. *Ferry IV.* — F · DVX · LOTORENGIE. Le duc à cheval. ℞. MONETA DE NANCEI. Épée entre deux alérions.
AR. Variété inédite.

179. *Jean Ier.* — IOHES DVX LOT MARCH. Heaume sur un écusson et timbré d'une aigle. ℞. MONETA FCA IN NANCEY. Épée entre deux écussons.
BILL. Très belle et inédite.

180. IOHANES DVX. Alérion. ℟. MONETA NANCEII. Épée entre deux roses.
BILL. (DE SAULCY, pl. VI, n° 19.)

181. *Charles II.* — KAROLVS DVX. Écusson sous une aigle essorant. ℟. MONETA DE NANCEI. Épée entre un barbeau et un aiglon.
BILL. (*Ibid.*, pl. IX, n° 4.) Variété.

182. *René II.* — RENATVS REX CICILIE ET. Bande de Lorraine sur une épée. ℟. MONETA FACTA IN NANCEI. Croix de Lorraine.
BILL. (*Ibid.*, pl. XIV, n° 3.)

183. RENATVS D G . REX SI LOTOR D. Bande de Lorraine sur une épée. ℟. Même légende. Croix fleuronnée.
BILL. (*Ibid.*, n° 9.)

184. *Charles III.* — Demi-teston.
AR. (*Ibid.*, pl. XXI, n° 5.)

185. *Charles et Nicole.* — Une pièce de billon.
(*Ibid.*, pl. XXV, n° 15.)

186. *Charles IV.* — MONETA NANCEI. Deux écussons couronnés. ℟. Même légende qu'au droit. Alérion.
BILL. (*Ibid.*, pl. XXVI, n° 12.) Variété.

187. Teston d'argent.
(*Ibid.*, pl. XXVIII, n° 1er.) Variété.

188. *Léopold.* — Une pièce de billon aux deux écussons ronds et couronnés. ℟. Alérion.
(*Ibid.*, pl. XXVIII, n° 10.) Deux variétés.

189. Pièce de 30 deniers aux deux L et un liard à la tête.
(*Ibid.*, pl. XXXIII, nos 3 et 4.)

LYON.

190. PRIMA SEDES. Dans le champ, LG. ℟. GALLIARV. Croix coupant la légende.
AR. Denier.

MACON.

191. PHILIPVS R. Dans le champ, O cruciforme accompagné de quatre points. ℟. MAT... S. Croix cantonnée de deux besants.
BILL. Obole inédite. A. M. C.

Ce type est tout nouveau pour Mâcon.

MAINE.

192. *Charles Ier*. — K. COMES PROVINCIE. Monogramme d'Herbert. ℟. FILI REGIS FRANCIE. Croix cantonnée de deux besants, de l'alpha et de l'oméga.
BILL. Denier. Variété.

193. K. FIL. REGIS FRANCIE. Même type. ℟. ANIEVNS DOVBLES. Croix cantonnée d'un besant aux 1er et 2e, d'une croisette au 3e et d'un alpha au 4e.
AR. Denier. Très beau.

On ne connaissait qu'un exemplaire très mal conservé de ce précieux denier; celui-ci est fort beau et présente par la légende une variété sensible.

MARCHE (LA).

194. *Hugues X*. — VGO COMES. Croix. ℟. MARCHIE. Deux croissants et deux annelets.
BILL. Denier.

195. *Charles de France*. — K. FILI REG FRACIE. Croix.

℟. COMES MARCHE. Chatel tournois surmonté d'un écusson à un lis.

BILL. Denier. A. M. C. Très rare.

196. KROLVS COMES. Croix. MONET MARCHE. Chatel avec un lis au centre.

BILL. Denier. B. C.

MEAUX (ÉVÊQUES DE).

197. *Renaud.*— REINALDVS EPSV. Deux crosses accolées: au-dessus et de chaque côté, une étoile. ℟. CIVITAS MELDIS. Croix cantonnée de deux étoiles.

BILL. Denier. A. B. C. Très rare.

198. *Étienne de la Chapelle.* — STEPHANVS EPC. Crosse accostée de deux étoiles. ℟. MELD CIVITAS. Croix cantonnée de deux annelets.

BILL. Denier. (2 pièces variées de coin.)

199. Autre différent par la forme du signe qui précède la légende du droit.

BILL. Denier. B. C. Variété inédite.

MEHUN.

200. *Robert II d'Artois.* — ROBERT DARTOI. Croix cantonnée au 1er d'un chatel à trois tours. ℟. MONOIE DE MEV. Dans le champ, MEV.

BILL. Denier. A. B. C. Unique et inédit.

Ce denier est d'une grande curiosité numismatique.

MELGUEIL.

201. Un denier melgorien avec les mitres ou croix à pointes émoussées.

BILL. Variété rare.

METZ (ÉVÊQUES DE).

202. *Thierry IV.* — TEODERICS. Tête à gauche. ℟. METENSIS. Croix cantonnée d'une rosace et d'un croissant.

AR.

203. *Étienne de Bar.* — STEPHANVS. Même type. ℟. Même légende. Croix.

AR.

204. *Frédéric de Pluyose.* — FEDERICVS. Même type. ℟. Mêmes légende et type qu'au n° 202.

AR. Deux variétés, dont l'une à la croix tulipée.

205. *Jacques de Lorraine.*— IACOBVS. Même type. ℟. Croix double tréflée et cantonnée de deux lis.

AR. Type rare.

206. *Thierry V.* — THE . EPS ME. Buste mitré de face avec la crosse. ℟. MONETA METENS. Croix coupant la légende.

AR. Demi-gros. Très rare.

207. S STEPHANVS. Le saint nimbé à genoux. ℟. MONETA METEN. Croix cantonnée d'astérisques.

AR. Double denier.

NARBONNE.

208. *Bérenger (1023—1067).* — BERINGARI. Croix. ℟. NARBONA. Quatre annelets.

AR. Denier. Inédit et très rare.

209. *Aimery IV ou V.* — AMABRICVS. Croix. ℟. NARBONA CIVI. Clef dans le champ.

BILL. Denier. Inédit.

Ce type paraît pour la première fois sur les monnaies des vicomtes de Narbonne.

NAVARRE.

210. *Charles-le-Noble.* — KAROLVS... Dans le champ. K sous une couronne. ℟. NAVARE. Chaque lettre séparée par une rosace. Croix.
BILL. Denier. A. M. C. Inédit.

211. *Jean et Blanche.* — I . Z . B . REX ... E . NA. Chaque lettre séparée par une rosace. Dans le champ, un lis. ℟. Couronne. NAVARRE. Croix.
BILL. Denier. A. B. C. Inédit.

212. *Jean.* — IOHANES DI GRA REX. Dans le champ, I sous une couronne. ℟. NAVAR ARAGONVM. Croix.
BILL. Denier. B. C. Inédit.

213. *Ferdinand.* — FERDINANDVS R. Dans le champ. F couronné. ℟. SIT NOMEN DOMIN. Croix pattée cantonnée de quatre annelets.
BILL. Denier. (2 pièces.) Inédit.

214. Variété avec DOMI.
BILL. (2 pièces.) Inédite.

215. *Henri II.* — Un franc au ℟. des quatre H couronnés.
AR. A. B. C.

216. Quart d'écu d'argent.
(5 pièces variées.)

217. *Henri et Marguerite.* — Un demi-teston aux deux têtes affrontées et couronnées. 1578.
AR. Inédit.

On n'avait pas encore trouvé la division du teston d'Henri et de sa première femme.

NEVERS.

218. Une obole au nom de Louis.

219. *Hervé.* — Deux deniers variés par les légendes ; l'un est une variété qui n'a pas été publiée.
BILL. Beaux.

220. Un demi-liard de Charles de Gonzague.

NORMANDIE.

221. Un denier au type dégénéré des temples.
AR. Variété nouvelle.

ORANGE.

222. *Raimond I ou II.* — DEI . GRACIA. Dans le champ, RA sous un cornet. ℟. PRI . A — RAVSICE. Croix.
BILL. Obole. A. M. C. Variété inédite.

223. *Raimond IV.* — Un florin d'or au différent du casque. Beau.

ORLÉANS.

224. PHILIPVS REX D—I. Portail ou chatel au centre ; S de chaque côté. Une croisette ; au-dessus, T. ℟. AVRELIANIS CIVITA. Croix.
AR. Denier. Inédit et très rare.

Cette monnaie est fort curieuse par son type.

PERPIGNAN.

225. Une pièce au type de saint Jean-Baptiste.
BILL. à assez bon titre. B. C.

POITOU.

226. *Ranulfe.* — PICTAVI CIVIS. Croix. ℟. MET × VLLO. Monogramme carolin.
AR. Denier. Très beau et inédit.

Ce denier est une conquête excessivement importante pour la numismatique poitevine : on n'en connaît que trois exemplaires.

227. Deux oboles au grand monogramme occupant le champ.
AR. Belles et variées.

228. Quatre beaux deniers variés au nom de Charles. ℟. MET × VLLo.

229. Six oboles variées avec METALo dans le champ et une croisette, et un denier au même type en cuivre presque pur.

230. *Richard-Cœur-de-Lion.* — RICARDVS REX. Croix. ℟. ✠ PICTAVIENSIS en trois lignes dans le champ; en dessous, un coin la pointe tournée à gauche.
BILL. Denier. Variété rare.

231. *Jean-sans-Terre.* — CARLVS REX en légende rétrograde. ℟. METALO en deux lignes et étoile.
AR. Denier. Variété inédite.

232. Même légende droite. ℟. Même légende et croissant.
BILL. Obole. B. C. Très rare.

PONTHIEU.

233. DEI OMO CIOV. Croix cantonnée d'un besant aux 2e et 3e. ℟. ABBATIS VILLA en légende rétrograde. Trois fleurs de lis et un annelet.
AR. Denier. Variété inédite.

234. *Guillaume III.*— Un denier avec VILLELM' ONS *(sic).*

PORCIEN.

235. Deux esterlins variés de Gaucher de Chatillon, l'un beau, l'autre médiocre, tous deux frappés à Yvoy.

PROVENCE — ROYAUME.

236. *Louis-l'Aveugle.*— ✠ LVDOVVICVS. Croix. ℟. ✠ ARELA CIVIS. Monogramme.
AR. Denier. A. B. C.

PROVENCE — COMTÉ.

237. *Robert.* — RO . IHR . ET . SICIL . REX. Large couronne; au-dessous, un lis. ℟. COMES PVINCIE. Croix fleurdelisée coupant la légende et cantonnée d'un lis au 1er.

BILL. Denier. Beau et inédit. (2 pièces.)

238. IERL . ET . SICIL REX. Dans le champ, ROBT sous une couronne. ℟. Mêmes légende et type qu'au numéro précédent.

BILL. Obole. (DUBY, pl. XCVI, n° 10.) Variété.

239. IERVSAL... Dans le champ, C—O—R. ℟. ET SICIL REX. Croix.

BILL. Obole. Inédite.

240. *Jeanne.* — I . IHR . ET . SICI . REG. Croix fleurdelisée coupant la légende. ℟. DEN . DVPLEX. Dans le champ, PV IE en deux lignes sous une couronne.

BILL. double. B. C. Inédit.

241. *Louis et Jeanne.* — Un sol couronnat avec REX sous une couronne.

BILL. A. B. C.

LE PUY.

242. MONETA. Croix. ℟. S. MARIE. Rosace.

AR. Grand denier. Beau.

On a successivement attribué ces monnaies à Gap, à Manosque, &c.; il est maintenant reconnu d'une manière à peu près incontestable qu'elles appartiennent au Puy.

243. BEATE MARIE. Rosace à quatre branches. ℟. PODIENSIS. Rosace à six branches.

AR. Denier. Très beau.

244. POIES. Rosace à quatre branches. ℟. DEL PVEI. Rosace à six branches.
BILL. Obole. Belle et inédite.

245. Deux deniers sans légendes à la rosace, dont une variété inédite en bon billon avec deux besants dans les branches de la rosace.

REIMS (ÉVÊQUES DE).

246. *Guillaume Ier*. — Trois deniers variés.

247. Obole du même. Inédite.

RETHEL.

248. Un liard de Charles de Gonzague et un denier de Charles II argenté pour servir de pièce de mariage.

REMIREMONT.

249. Un petit denier au temple et au nom de saint Étienne.

RIOM.

250. *Alphonse*. — ALFVNSVS COMES. Croix cantonnée d'une étoile et d'un annelet. ℟. RIOMMENSIS. Chatel accosté de deux croissants.
BILL. Denier. Variété inédite.

RODEZ.

251. *Henri*. — HENRI COMES. Croix cantonnée d'un annelet au 2e. ℟. RODES CIVIS. Dans le champ, DAS.
BILL. Denier. A. B. C., mais ressoudé.

ROMORANTIN.

252. REMORANTINI. Croix cantonnée d'un besant au 1er. ℟. sans légende. Type carré avec trois besants.
Denier. Très beau et rarissime.

SAINT-MARTIN DE TOURS.

253. Deux deniers anciens au chatel avec les lettres saillantes : l'un porte SCS MARTINVS.

SAINT-MÉDARD DE SOISSONS.

254. SGI MEDARDI CAPAT. Tête informe à droite. ℟. ESBESBERSD en légende rétrograde. Étendard ; en dessous, une croisette.

AR. Denier.

Obole au même type. Rare.

SAINT-POL.

255. *Guy*. — GVIDO COMES SCI PAVLI. Cavalier portant un pennon. ℟. MONETA : RECTA : DE : ELINCOVRT. 2e légende. SIGNVM CRVCIS. Croix.

AR. Gros. Beau.

256. G : COMES : S : PAV. Écusson de Bourgogne et Dreux. ℟. MONETA : ELIN. Croix cantonnée d'un trèfle au 1er.

BILL. Denier. A. M. C.

SAUMUR.

257. ✠ BEATI FLORENTII. Croix. ℟. ✠ CASTRV SALMVRV. Clef.

AR. Denier. Très beau et unique.

Ce denier de l'abbaye de Saint-Florent fait connaître un atelier tout nouveau ; c'est une des plus précieuses conquêtes de la numismatique féodale.

SOISSONS.

258. *Jean*. — IOHANN' COMES. Croix très pattée cantonnée d'un besant au 2e. ℟. SVESSIONIS. Temple.

BILL. Denier. Variété inédite.

STRASBOURG — VILLE.

259. INSIG. REIP. ARGENTORATENSIS. Armes avec deux lions la patte sur un lis pour support. ℟. GLORIA. IN. ALTISSiMIS. DEO. Grand lis épanoui.
AR. Demi-thaler. Beau.

260. MON. NOV. CIVITAT. ARGENT. Armes; au-dessus, XII. ℟. GLORIA IN EXCELSIS. DEO. Même type.
AR. Belle.

261. Une pièce de dix sols, de deux sols, d'un sol.
BILL. (3 pièces.)

262. ARGENTORATVM. Croix coupant la légende. ℟. GLORIA, &c. Lis. Et deux petites pièces variées avec un lis de chaque côté.
BILL. (3 pièces.)

STRASBOURG (ÉVÊQUE DE).

263. *Louis de Rohan.* — Une pièce d'un kreutzer de 1773.
Cuivre. Piéfort. Très beau.

THANN.

264. MONETA : NOVA. TANENSIS. Armes dans un épicycloïde à cinq lobes. ℟. S THEBALDVS 1624. Le saint assis et bénissant.
BILL. B. C.

TONNERRE.

265. *Jean.* — .... NES COES. Croix. ℟. TORDRI. Croix à pointes.
BILL. Obole. B. C. Inédite.

On ne connaissait jusqu'à présent qu'une seule monnaie signée de Tonnerre : celle-ci est donc une précieuse conquête.

266. ✠ MONE . NO TANENSIS. Armes. ℟. SALVE ERVX *(sic)* BEN. Croix évidée coupant la légende.
BILL. B. C.

TOUL (ÉVÊQUES DE).

267. *Jean II d'Arilières.* — IOHAN COMES TVLLENS. Cavalier tenant un pennon. ℟. MONETA : NOVA : TVLLENSIS : EPIS. 2e légende, SIGNVM CRVCIS. Croix.
AR. Gros. Très rare et inédit.

TOULOUSE.

268. *Alphonse.* — A COMES FILI : REG FRAN. Monogramme manceau. ℟. ✠ TOLOSA CIVITAS. Croix cantonnée de deux besants, d'un soleil et d'un lis.
AR. Denier. Rare. B. C.

269. A . CO . FILIVS REG. Croix. ℟. THOLOSA CIVI. Chatel.
AR. Denier.

TOURNUS.

270. SCS VALERIAN. Tête informe à droite. ℟. ✠ TORNVCIO CAS. Croix non cantonnée.
BILL Denier. B. C. Variété rare.

TROYES.

271. TRECAS CIVI. Croix. ℟. GRACIA D—I. Monogramme.
BILL. Denier. A. M. C. Inédit.

TURENNE.

272. *Raimond.* — R . VICECOMES. Croix cantonnée de deux annelets. ℟. DE TVRENA. Dans le champ. A entre deux annelets et deux croissants.
BILL. Obole. B. C. Inédite.

VALENCE.

273. Un denier au nom de saint Appollinaire.
Variété inédite.

VENDOME.

274. *Jean III.* — IEHA. Type vendomois ; rosace au centre ; à gauche, fleur de lis inclinée. ℟. ✠ VEDOME CASTR. Croix cantonnée d'une croisette au 2e.
BILL. Denier. B. C. Variété inédite.

275. *Jean IV.* — IOhS COMES. Chatel surmonté d'une croix ; au centre, la rosace. ℟. VIDOCINENSIS. Croix cantonnée d'un lis au 4e.
BILL. Denier. Beau et inédit.

276. Obole au même type.
BILL. B. C. Variété inédite.

277. *Bouchard.* — BOCARD' COMES. Type tournois carré surmonté d'une rosace et ayant au centre une étoile. ℟. VIDOCINENSIS. Croix.
BILL. Denier. Beau et inédit.

Ce type est curieux et tout nouveau. D'ailleurs on ne connaissait pas de denier de Bouchard.

VERDUN.

278. Un denier de Henri avec RIX dans le champ.

279. Une obole au même type en argent fin.

VERDUN (ÉVÊQUES DE).

280. *Hugues de Bar (1352—1362).* — H . EPISCOPVS. Chatel tournois. Bordure de lis. ℟. MONETA VIRDVN. Croix coupant la légende. 2e légende, BENEDICTV, &c.
BILL. Gros. Inédit. A. B. C.

Cette pièce fort curieuse vient enrichir une série assez pauvre. Il est remarquable de voir le prélat copier les monnaies des ducs de la maison de Bar.

281. *Herric de Lorraine.* — ERRIC ALOTH EPS ET CO VI. Buste à gauche. ℟. MON NO AN 1610 CV. Écusson couronné à la bande aux armes de Lorraine surmontée d'un lambel.

BILL. Obole. B. C.

Sur le revers de cette monnaie, Charles cherche à imiter le type de Lorraine.

282. *Charles de Lorraine.* — CAROLVS A LOTHARINGIA EPIS. Alérion éployé. ℟. ET COMES VIR PRS SRI IM. Deux écus accolés couronnés ; en dessous, G.

BILL. Très belle.

Ici encore l'évêque de Verdun copie identiquement la monnaie des ducs de Lorraine.

VERMANDOIS.

283. *Philippe.* — PHILIPVS. Dans le champ, COMES entre deux annelets. ℟. + SCS qVINTINVS. Tête de face.

AR. Denier. A. M. C.

284. *Éléonore.* — Un denier avec ALIENO dans le champ. Varié en ce que les étoiles qui ordinairement cantonnent la croix du revers sont remplacées par de larges rosaces à six feuilles.

VIENNE (ÉVÊQUES DE).

285. *Thibaud (952—1000).* — TEVBALDVSV. Monogramme de REX. ℟. S. MAVRICS. Dans le champ, R.

AR. Denier. B. C. Très rare. Variété inédite.

286. Deux variétés de deniers anonymes à la tête de saint Maurice.

VIERZON.

287. *Marie de Brabant.* — MARIA DE BRABAN. Croix à pointes. ℞. DNA VIRSIONIS. Écu au lion de Brabant.

AR. Denier. Beau. Inédit et très rare.

On n'avait trouvé jusqu'à présent que l'obole de Marie, dame de Vierzon.

VIVIERS.

288. EPISCOPVS. Tête à droite. ℞. ✠ VI . VA . RII. Croix.
AR. Denier. Beau. Variété inédite.

MONNAIES ÉTRANGÈRES.

ÉCOSSE.

289. *Marie Stuart.* — MARIA . DEI . GRA . R . SCOTVRVM. Écusson couronné; de chaque côté, I — G. ℞. ✠ DILIGITE IVSTICIAM 1555. Monogramme couronné accosté de deux rosaces.

OR. Très belle.

MONTBELLIART. — WURTEMBERG.

290. *Ulric.* — D . G . VL . DVX . WIRT . ET . TECK . CO . MO . PEL. Buste à droite. ℞. MO NE NO . AVR WIRTEMBER. 1537. Écusson.

OR. Belle.

BENEVENT.

291. *Grimoald.* — Un sol d'or. Beau.

292. Un tiers de sol d'or. B. C.

GENÈVE.

293. ✠ SCS PETRVS. Buste à gauche. ℞. GENEVA CIVTAS. Croix cantonnée de deux S retournés.
AR. Denier. B. C. Variété inédite.

TRANSYLVANIE.

294. *Gabriel (1613—1629).* — GA . BET . DG . PI . P . R H . D . ET . SI . CO. Buste à droite. ℞. DEI . DON . EST . NE . QVIS . GLO 1614. Armes.
OR. Ducat. Très beau.

295. Deux bractéates de Henri-l'Oiseleur.

296. Un demi-florin de Pierre d'Aragon.
OR. M. C.

BRABANT.

297. *Jean Ier.* — I DVX. Lion dans un écusson. ℞. LOVA dans les branches d'une croix.
AR. Maille.

298. *Jean II.* — Trois esterlins de Luxembourg, Louvain et Bruxelles.

299. Un gros de Bruxelles au type de l'écusson à quatre lions.

300. *Jean III.* — Un demi-gros au saint Pierre.

301. *Jeanne et Wenceslas.* — Un écu d'or au type du saint Pierre.
Très beau.

302. *Charles-le-Téméraire.* — Un florin au type de saint André.
OR. Très beau.

303. *Philippe-le-Beau.* — Un quart de sol.
Très rare. (VANDERCHYS, pl. XXII, n° 32.)

304. *Charles-Quint.* — Une petite pièce de billon.

305. Un lot de monnaies diverses.

306. Deux pièces de mariage variées, dont huit deniers en argent.

307. Un lot de cent cinquante poids de monnaies avec une boîte et des balances du temps de Louis XIII.

Ce lot peut passer pour une véritable collection; il offre la réunion des poids de toutes les monnaies des règnes de Henri IV et Louis XIII. Presque tous les types des pièces capétiennes y sont représentés. On y trouve aussi en grand nombre des poids de monnaies seigneuriales, et d'étrangères, parmi lesquelles des papales, &c., &c.

308. Sous ce numéro seront vendues plusieurs pièces fort intéressantes que l'on n'a pas eu le temps de cataloguer.

Fontenay-Vendée. — De l'imprimerie de Robuchon, libraire.

LE CATALOGUE EST EN DISTRIBUTION :

Chez Me DELBERGUE-COLMONT, Commissaire-Priseur, rue de Provence, 8;

M. ROLLIN, rue Vivienne, 12.